DÉPARTEMENT DE LA GIRONDE

SERVICE VICINAL

RÈGLEMENT

sur le service des Cantonniers

des chemins de grande communication et d'intérêt commun.

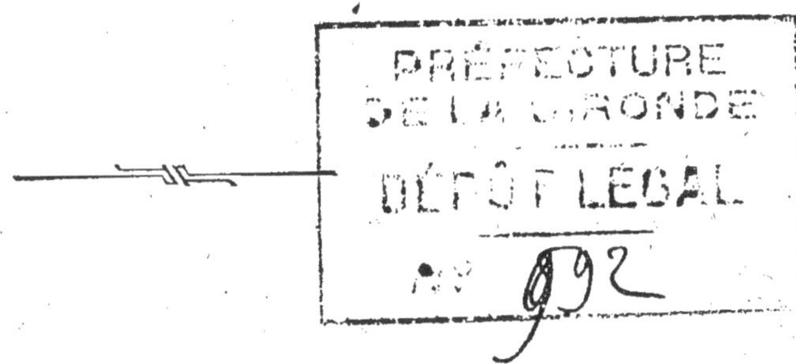

BORDEAUX

IMPRIMERIE NOUVELLE F. PECH

7 — Rue de la Merci — 7

1923

DÉPARTEMENT DE LA GIRONDE

SERVICE VICINAL

RÈGLEMENT

sur le service des Cantonniers

des chemins de grande communication et d'intérêt

commun.

BORDEAUX

IMPRIMERIE NOUVELLE F. PECH

7 — Rue de la Merci — 7

1923

DEPARTEMENT DE LA GIRONDE

SERVICE VICINAL

ARRÊTÉ PRÉFECTORAL

portant règlement sur le service des Cantonniers

DES

chemins de grande communication et d'intérêt commun.

Le Préfet de la Gironde,
Officier de la Légion d'honneur;

Vu la loi du 21 mai 1836;

Vu l'instruction générale sur le Service des chemins vicinaux, en date du 6 décembre 1870, notamment l'article 176;

Vu la délibération du Conseil général en date du 5 septembre 1923;

Vu les propositions de M. l'Agent voyer en chef, en date du 29 août 1923,

Arrête :

Art. 1. — Les cantonniers des chemins de grande communication et d'intérêt commun du département de la Gironde sont soumis au règlement ci-après.

RÈGLEMENT

sur le service des Cantonniers
des chemins de grande communication et d'intérêt commun.

ARTICLE PREMIER.

Définition du service des cantonniers.

Les cantonniers des chemins de grande communication et d'intérêt commun sont des ouvriers attachés, à titre permanent, au service du département pour l'exécution de tous travaux concernant l'entretien de ces chemins, ainsi que des ouvrages et dépendances de ces voies publiques.

Ils peuvent, en outre, être employés aux travaux neufs ou de grosses réparations des chemins de grande vicinalité ou être chargés de surveiller des chantiers ouverts en vue de l'exécution de ces travaux. Ils peuvent, enfin, être chargés de surveiller l'emploi des prestations en nature.

Chaque cantonnier est plus particulièrement chargé de l'entretien d'une certaine longueur de chemins qui prend le nom de « cantonnement »; mais il peut être désigné pour travailler sur des chemins en dehors de son cantonnement ou pour surveiller des chantiers également en dehors de son cantonnement.

Les cantonniers doivent obéissance, pour tout ce qui a rapport à leur service, aux agents voyers d'arrondissement, aux agents voyers cantonaux et autres agents du Service vicinal sous l'autorité desquels ils se trouvent placés.

ARTICLE 2.

Nomination des cantonniers.

Les cantonniers sont nommés par le Préfet, sur la proposition de l'agent voyer en chef.

Les nominations de candidats civils ne peuvent être prononcées qu'à défaut de candidats inscrits, pour l'emploi de cantonnier, sur les listes de classement, établies en exécution des lois et règlements relatifs aux emplois civils réservés aux anciens militaires.

Pour être nommé cantonnier, il faut :

1° Avoir satisfait aux lois sur le recrutement et être âgé de moins de trente-cinq ans;

2° N'être atteint d'aucune infirmité qui puisse s'opposer à un travail journalier et assidu;

3° Avoir travaillé, pendant six mois au moins, dans les ateliers de construction, de réparation ou d'entretien des chemins vicinaux ou autres voies du domaine public;

4° Savoir lire, écrire et calculer;

5° Fournir un extrait de son casier judiciaire.

Pour les cantonniers communaux du département de la Gironde, qui ont été nommés à leur emploi avant l'âge de trente-cinq ans, et qui demanderaient à occuper un emploi de cantonnier sur les chemins de grande vicinalité du département de la Gironde, la limite d'âge est reculée jusqu'à quarante ans.

ARTICLE 3.

Cantonniers chefs.

Les cantonniers des chemins de grande communication et d'intérêt commun et les cantonniers communaux sont répartis en brigades, dirigées par un cantonnier chef, nommé par le Préfet sur la proposition de l'agent voyer en chef. Ce cantonnier chef est, en principe, choisi parmi les cantonniers des chemins de grande communication et d'intérêt commun qui se sont distingués par leur zèle, leur bonne conduite et leur intelligence et qui, après une durée minimum de services de six mois, ont subi avec succès un examen institué par l'agent voyer en chef.

La consistance de chaque brigade est fixée par l'agent voyer en chef, sur la proposition de l'agent voyer d'arrondissement.

Les cantonniers chefs parcourent toute l'étendue de leur circonscription au moins une fois par semaine, sauf ordre contraire de l'agent voyer d'arrondissement, suivant des itinéraires à des jours et heures variables, fixés par l'agent voyer cantonal; ils s'assurent de la présence des cantonniers et les guident dans leur travail. Ils constatent leur visite sur la feuille mensuelle des cantonniers, dont il sera question à l'article 8 ci-après; ils y mentionnent leurs observations et ils rendent compte, dans le plus bref délai, aux agents voyers, des faits ou accidents nécessitant des mesures urgentes. Enfin, ils fournissent à leurs chefs tous les renseignements qui leur sont demandés.

Ils assurent la convocation des prestataires, suivant les ordres qu'ils ont reçus des agents voyers. Ils servent d'aides aux agents voyers dans les opérations graphiques utiles au service.

Ils peuvent être momentanément employés à surveiller l'exécution de certains travaux et à en tenir les attachements.

Ils n'ont pas de cantonnement à entretenir, excepté dans des cas particuliers, qui sont déterminés par le Préfet, sur la proposition de l'agent voyer en chef.

Le service des cantonniers chefs leur est commandé par les agents voyers cantonaux au moyen d'une feuille hebdomadaire. A la fin de chaque semaine, les cantonniers chefs rendent compte, sur cette feuille, de la marche de leur service et des observations faites au cours de leurs tournées.

<h3 style="text-align:center">ARTICLE 4.</h3>

Classement et rémunération des cantonniers.

· Les cantonniers ordinaires sont divisés en cinq classes et les cantonniers chefs en trois classes.

Le classement des cantonniers est fait chaque année par le Préfet, sur la proposition de l'agent voyer en chef.

Les cantonniers avancent à l'ancienneté quand ils comptent cinq ans dans la classe qu'ils occupent. Ce délai peut être réduit à quatre ans, lorsque leurs services ont été appréciés d'une façon particulière et qu'ils ont fait l'objet de propositions d'avancement au choix. Les propositions au choix sont, au maximum, de une pour quatre à l'ancienneté.

Les cantonniers peuvent être exclus de l'avancement à l'ancienneté, en particulier lorsqu'ils ont été l'objet, au cours de l'année écoulée, de peines disciplinaires telles que l'avertissement ou la réprimande.

Les salaires des cantonniers sont fixés par le Préfet, sur la proposition de l'agent voyer en chef, suivant les chiffres arrêtés par le Conseil général. Ils sont déterminés d'après les prix de la main-d'œuvre similaire dans chaque région du département.

A ces salaires peuvent s'ajouter des indemnités de résidence, dont le taux est fixé par le Conseil général, sur la proposition du Préfet, ainsi que d'autres indemnités pour travaux spéciaux, dont le taux est fixé par le Préfet, sur la proposition de l'agent voyer en chef.

Les cantonniers bénéficient, en outre, des mêmes indemnités pour charges de famille que celles qui sont allouées par l'Etat aux ouvriers attachés, à titre permanent, à son service.

ARTICLE 5.

Signes distinctifs des cantonniers.

Les cantonniers et cantonniers chefs portent à leur coiffure un ruban ou une plaque, avec l'inscription du mot « cantonnier » ou des mots « cantonnier chef ».

Ces insignes sont fournis par l'Administration.

Il est remis à chaque cantonnier un guidon, formé d'une tige ou d'un jalon, divisé en décimètres, et muni, à sa partie supérieure, d'une plaque indiquant le numéro du cantonnement.

Ce guidon est planté à moins de 100 mètres de l'endroit où travaille le cantonnier ou de l'endroit où il est abrité dans les conditions prévues à l'article 11 ci-après.

ARTICLE 6.

Outils.

Les cantonniers et cantonniers chefs reçoivent de l'Administration, par l'intermédiaire de l'agent voyer cantonal sous les ordres duquel ils sont placés, les outils et objets qui leur sont nécessaires; il en est dressé un inventaire contradictoire, dont l'original est conservé par l'agent voyer cantonal; cet inventaire, signé par l'agent voyer cantonal, est conservé par le cantonnier dans l'enveloppe dont il est question à l'article 8 ci-après.

Les cantonniers et cantonniers chefs sont responsables de la conservation des outils et objets qui leur sont remis; ils ne doivent les utiliser que pour les besoins du service.

Les frais d'entretien et de réparation sont à la charge de l'Administration, sauf dans le cas de négligence constatée.

En principe, les outils ne doivent être portés à la réparation qu'en dehors des heures de travail; à moins d'une autorisation formelle, la nécessité de remettre les outils en état ne peut, en aucun cas, être invoquée par un cantonnier pour justifier son absence sur le chantier.

ARTICLE 7.

Usage du vélocipède.

Les cantonniers et cantonniers chefs, qui auront été autorisés à se servir, pour les besoins du service, d'un vélocipède leur appartenant, recevront une indemnité de 90 francs pour première mise et de 15 francs par mois, pour entretien et pour amortissement du prix de leur machine.

ARTICLE 8.

Feuille mensuelle d'emploi du temps des cantonniers.

Chaque cantonnier est pourvu d'une feuille, du modèle adopté par le Préfet, indiquant l'emploi de son temps pendant le mois.

Cette feuille, dite feuille mensuelle, est remise au cantonnier au début de chaque mois; elle est destinée à recevoir les notes sur son travail et sa conduite, les ordres et instructions qui lui sont donnés et l'indication des travaux qui lui sont prescrits. Le cantonnier y inscrit lui-même, jour par jour et sans lacune, l'emploi de son temps et les quantités d'ouvrages exécutés par lui et par les ouvriers mis à sa disposition qu'il est chargé de surveiller.

Elle est visée, à chacune de leurs tournées, par les agents voyers et les cantonniers chefs, chargés de la surveillance des voies et ouvrages. Elle est retirée, à la fin du mois, par le cantonnier chef.

Elle est conservée dans une enveloppe fournie par l'Administration, dans laquelle le cantonnier doit renfermer également un exemplaire du présent règlement, le tableau des heures du commencement et de la fin du travail, ainsi que des repas, telles qu'elles sont fixées conformément à l'article 9 ci-après, et la liste des objets qui lui ont été remis par l'Administration.

Le cantonnier renferme dans la même enveloppe une fiche nominative sur laquelle sont portés ses nom, prénoms, lieu et date de naissance, résidences et cantonnements successifs, avancements, distinctions honorifiques et peines disciplinaires : les inscriptions sur cette fiche nominative sont faites par l'agent voyer cantonal au moment où se produit le fait ou la décision qui les motive.

Le cantonnier ne doit, sous aucun prétexte, se dessaisir de sa feuille mensuelle d'emploi du temps pendant qu'elle est en cours, non plus que des autres documents conservés dans l'enveloppe.

ARTICLE 9.

Fixation des heures de travail.

La durée du travail journalier est limitée à la durée normale du travail en usage pour les catégories d'ouvriers similaires dans le département.

Les heures de présence sont fixées par le Préfet, sur la proposition de l'agent voyer en chef.

Les cantonniers prennent leurs repas sur les chantiers, sauf autorisations spéciales données par leurs chefs et motivées par des circonstances locales.

Les heures de repas sont fixées par l'agent voyer en chef. La durée totale des repas n'excède pas deux heures; toutefois, pendant les grandes chaleurs, elle peut être portée à trois heures.

ARTICLE 10.

Déplacements temporaires des cantonniers.

Les cantonniers et les cantonniers chefs peuvent être déplacés par leurs chefs, soit isolément, soit en brigades, lorsque les besoins du service l'exigent.

Lorsque ces déplacements ont lieu à plus de trois kilomètres du point le plus rapproché du cantonnement, ou, en ce qui concerne les cantonniers chefs, hors des limites des communes de leurs brigades, ils donnent droit à des indemnités variables suivant les cas, qui sont fixées par l'agent voyer en chef sur la proposition de l'agent voyer d'arrondissement.

ARTICLE 11.

Présence obligée des cantonniers en temps de pluie,
de neige, etc.

Les intempéries ne peuvent être un prétexte d'absence pour les cantonniers; ils doivent même, dans ces cas, redoubler de zèle et d'activité pour prévenir les dégradations aux voies et ouvrages et assurer aux chemins une viabilité constante dans toute l'étendue de leur cantonnement; ils sont autorisés à se faire des abris, fixes ou portatifs, qui n'embarrassent ni la voie publique, ni les propriétés riveraines, et qui soient en vue des chantiers, à moins de dix mètres de distance.

ARTICLE 12.

Assistance gratuite aux voyageurs.

Les cantonniers doivent porter gratuitement aide et assistance aux voituriers et voyageurs, mais sans s'éloigner de leur poste, sauf en cas d'accident.

ARTICLE 13.

Surveillance en matière de police de voirie vicinale.

Pour prévenir, autant que possible, les infractions à la police de la voirie vicinale, les cantonniers doivent engager à se mettre en règle les riverains qui se disposeraient à exécuter sans permission des travaux interdits par les règlements ou subordonnés à une autorisation administrative préalable.

Ils doivent signaler sans retard, à leurs chefs, les réparations, constructions, plantations, dépôts de matériaux qui seraient faits sans autorisation, ainsi que les autres contraventions, telles que dégradations, anticipations, etc. Les frais de correspondance qui leur seraient occasionnés par ces avis ne restent en aucun cas à leur charge.

ARTICLE 14.

Permissions d'absence et congés.

Lorsque les besoins du service le permettent, les cantonniers peuvent être mis en congé, mais seulement s'ils en font personnellement la demande par écrit.

Pendant la durée de leurs congés, ils ne reçoivent, ni le salaire, ni les indemnités mentionnées à l'article 4.

Toutefois, un congé annuel de douze jours, pendant lequel ils recevront leur salaire ainsi que les indemnités mentionnées aux articles 4 et 7, peut être accordé aux cantonniers. Ce congé pourra être pris en une seule fois lorsqu'ils le demanderont et que les nécessités du service le permettront.

Ils doivent reprendre leur service exactement à l'expiration de leurs congés.

Les absences non autorisées entraînent déduction du salaire et des indemnités mentionnées à l'article 4, correspondant aux journées pendant lesquelles le cantonnier n'a pas travaillé, sans préjudice des sanctions disciplinaires prévues à l'article 18 ci-après.

La retenue à faire subir aux cantonniers pour chaque jour de congé ou d'absence non autorisée est calculée à raison du trentième du salaire et des indemnités, prévus à l'article 4.

ARTICLE 15.

Absences pour service militaire.

Il est alloué, à tout cantonnier appelé sous les drapeaux pour une période d'instruction militaire, une indemnité égale à la moitié de son salaire, s'il est célibataire, à la totalité de ce salaire, s'il est marié ou s'il a des charges de famille. Dans les deux cas, il continue à bénéficier, s'il y a lieu, des indemnités de résidence et de charges de famille, prévues à l'article 4, ainsi que de l'indemnité pour usage du vélocipède, prévue à l'article 7.

ARTICLE 16.

Accidents. — Maladies.

I. — Pour les accidents dont les cantonniers seraient victimes à l'occasion de l'exercice de leurs fonctions, il est fait application des lois et décrets en vigueur ou à intervenir en matière d'accident du travail, notamment de la loi du 9 avril 1898, avec toutes ses modifications ultérieures.

II. — Pour les maladies qui surviendraient aux cantonniers pendant la durée de leur service, il est fait application des dispositions ci-après :

a) Les cantonniers, qu'ils soient traités à l'hôpital ou à domicile, cessent de percevoir un salaire pendant la durée de l'interruption forcée de leur service.

Au maximum pendant un an, l'Administration leur rembourse, suivant le cas, soit les frais médicaux et pharmaceutiques, jusqu'à concurrence des sommes prévues dans les tarifs périodiquement arrêtés par le Ministre du travail en exécution de l'article 4 de la loi du 9 avril 1898, avec toutes ses modifications ultérieures, soit les frais d'hospitalisation, dans les limites fixées par le troisième alinéa de l'article 4 de la loi du 9 avril 1898, avec toutes ses modifications ultérieures.

Pendant la même période, ils ont droit, en outre, à un secours égal à la moitié de leur salaire. Ce secours n'est accordé aux cantonniers soignés à l'hôpital que s'ils sont mariés ou ont des charges de famille.

L'affiliation d'un cantonnier à une Société de secours mutuels n'a pas pour effet de lui faire perdre le bénéfice des dispositions qui précèdent.

b) Le point de départ de la maladie, la durée de l'interruption obligée du travail et, dans le cas du paragraphe III qui suit, les décès sont constatés par des certificats de médecins agréés par le Préfet.

III. — Si le cantonnier succombe aux suites des accidents ou de la maladie visés aux paragraphes I et II ci-dessus, l'Administration paie les frais funéraires jusqu'à concurrence de la somme maximum fixée par le premier alinéa de l'article 4 de la loi du 9 avril 1898, avec toutes ses modifications ultérieures.

Si le cantonnier décédé est marié ou a des charges de famille, il est alloué, savoir :

1° A sa veuve, un secours de deux cents francs (200 francs) au moins et de trois cents francs (300 francs) au plus;

2° A ses enfants âgés de moins de seize ans, par mois pendant six mois, une somme de quarante francs (40 francs) pour le premier enfant et une somme de dix francs (10 francs) pour chacun des autres enfants.

IV. — Les dispositions du présent article ne sont pas applicables lorsque les accidents ou les maladies sont survenus pendant les congés ou les absences non autorisées, tels qu'ils sont prévus à l'article 14 ci-dessus.

Article 17.

Gratifications.

Le Préfet pourra allouer, sur la proposition de l'agent voyer en chef, soit en fin d'exercice, soit dans le courant de l'année, des gratifications aux cantonniers ou cantonniers chefs qui se distingueront par leur zèle et leur travail.

Le montant annuel de ces gratifications ne peut dépasser celui du salaire mensuel.

Les gratifications accordées à un cantonnier sont inscrites sur sa fiche nominative.

ARTICLE 18.

Peines disciplinaires.

Les cantonniers peuvent être frappés de peines disciplinaires pour inobservation du présent règlement, absence non autorisée, inexécution des ordres reçus, insubordination ou toute autre faute. Ces peines sont les suivantes :

1° L'avertissement;

2° La réprimande;

3° L'abaissement de classe;

4° La révocation.

L'avertissement et la réprimande sont infligés par l'agent voyer en chef, sur la proposition de l'agent voyer d'arrondissement.

L'abaissement de classe et la révocation sont prononcés par le Préfet, sur la proposition de l'agent voyer en chef.

Les avertissements, la réprimande et les abaissements de classe sont inscrits sur la fiche nominative du cantonnier.

ARTICLE 19.

Cessation de service.

Les cantonniers ordinaires et les cantonniers chefs cessent nécessairement leurs fonctions à l'âge de soixante-cinq ans.

Lorsqu'un cantonnier quitte son service, remise est faite à l'agent voyer cantonal des documents renfermés dans son enveloppe, de ses signes distinctifs, ainsi que des outils et objets qui lui ont été fournis par l'Administration. Il est opéré, sur ce qui lui reste dû, une retenue équivalente à la valeur de ceux de ces objets qui n'auraient pas été remis.

ARTICLE 20.

Retraites.

En vue de la constitution d'une pension de retraite à leur profit et à celui de leur femme, les cantonniers subissent, sur leur salaire, des retenues dont le produit est versé à la Caisse nationale des retraites pour la vieillesse. Le montant de ces retenues, les bases de liquidation des pensions, ainsi que le taux des bonifications accordées par le Département, sont déterminés par un arrêté du Préfet, portant règlement pour les retraites des cantonniers des chemins de grande communication et d'intérêt commun du département de la Gironde.

*** *

Art. 2. — Sont abrogés tous les règlements et arrêtés antérieurs sur le service des cantonniers.

Art. 3. — Le règlement visé à l'article premier ci-dessus entrera en vigueur le 1er janvier 1924.

Ampliation du présent arrêté sera adressée à M. l'agent voyer en chef qui est chargé d'en assurer l'exécution.

Fait à Bordeaux, le 26 septembre 1923.

Le Préfet de la Gironde,

Ch. ARNAULT.

Pour ampliation :

Le Conseiller de Préfecture

GELLIE.

4318. — Imprimerie F. Pech, 7, rue de la Merci, Bordeaux.